El cartero
de la bicicleta verde

Texto: Amparo Trujillo Molina

Ilustrador: David Marcos Guerrero

El cartero de la bicicleta verde
© Amparo Trujillo Molina
© Editfuss, S.L. (Esstudio Ediciones)
c/Arroyo de Pozuelo, 109 • 28023 Madrid
© Ilustraciones: David Marcos Guerrero

Diseño editorial: Esstudio Ediciones
Primera edición: diciembre, 2024
Segunda edición: febrero, 2025
Tercera edición: marzo, 2025
ISBN: 978-84-19781-53-6
Depósito Legal: M-26862-2024
Maquetación y preimpresión: Esstudio Ediciones
Imprime: Safekat, S.L.

Cuenta una leyenda procedente de los
bosques cercanos a la ciudad de Brujas,
que desde hace siglos, seres fantásticos
de la naturaleza habitan y cuidan de ella.

Son misteriosos e invisibles a nuestros ojos.
Y se dice que viven también entre los humanos,
para conocer y saber sus maneras de pensar
y de actuar.

David
Marcos.

Son silenciosos, traviesos, y curiosos, y aunque son muy pocos los que con ellos se han cruzado, cuando así es, comparten lo que han vivido para que nunca sea olvidado. Y hay quienes aseguran haber sido invitados a sus hogares, donde pequeños poblados de coloridas setas, esconden historias y secretos de la naturaleza para ser compartidos desde la profundidad de sus bosques.

Y en esta ocasión, todo sucedió una nublada tarde en la hoy famosa plaza de Brujas, cuando un joven que paseaba como muchas otras tardes por allí en su bicicleta, observó cómo desde la torre más alta de aquel lugar, una pequeña luz parpadeaba pareciendo llamarle a subir. Intrigado, dejó su bicicleta apoyada en la entrada principal y se perdió en el interior de aquel lugar.

Con paso firme y corazón acelerado, subió sin dudarlo por unas estrechas y olvidadas escaleras. Historia que quiso que cada uno imaginase observando en silencio la luz que escondía la curiosa ventana de aquella estrecha torre. Y todavía se cuenta entre las calles empedradas de la ciudad que, al llegar el joven a la sala, la vieja puerta de madera a su paso se abrió sola. Y quedó perplejo por el revoloteo de miles de libros que solo él vio. Además el sol, al presenciar todo aquello quiso iluminarse del mismo color que la habitación. Llamó y acercó sigiloso a curiosas nubes para que fueran también testigos de cómo un duende habló y llamó al joven por su nombre al tiempo que en un mágico cartero se convirtió.

Un cartero, que se dice que mitad duende, mitad humano, viaja desde entonces en una bicicleta verde por lo largo y ancho de este mundo. Además, quienes de él saben o han visto, comentan entre ellos que regala en sobres protegidos y acolchados, un objeto. Una lupa, la que con una gran simbología es entregada a miles de personas que encuentran en ella un significado muy profundo.

Antes de iniciar sus andaduras por el mundo, como cartero también recibió una carta. La misma que hizo darle un giro a su vida.

Querido Petter,

Si te hago llegar este escrito es porque sé que lo compartirás con otros seres humanos como tú. Mi nombre es Duc, y aunque soy invisible a vuestros ojos, como todos mis hermanos, existimos y vivimos desde tiempos muy remotos en la naturaleza. Y el hacerte llegar esta carta es para confirmarte que todos llegamos a la tierra con algún poder que nos hace únicos, como a cada flor o cada árbol, y solo observando y valorando lo lograremos descubrir.

Somos invisibles a los ojos humanos, pero cuando queremos compartir alguna vivencia, desapercibidos, nos colamos en vuestras vidas para presenciar otra realidad. Y fue en mi primer viaje donde comencé a convivir entre vosotros, y quise desde entonces compartir todos aquellos detalles que en vosotros aprecio.

Recorrí diferentes culturas y lugares del mundo. Todo en los humanos me fascinaba. Les veía repletos de virtudes y talentos. Pero aprecié asombrado que muchos de ellos que, teniendo tanto, poco se estimaban. Y a los demás tan siquiera muchas veces ni les miraban. Lo hablé con las aves, los árboles, los ríos y las plantas, y de ahí nació el crear entre todos pequeñas lupas para que ampliaran sus miradas, hacia ellos y hacia otros.

Sin ser vistos acercamos incluso nuestros hogares a las ciudades. Y desde allí fuimos muchos los que trabajamos, coleccionamos y guardamos en pequeños sobres, ayudados en ese laborioso trabajo también por mis grandes amigos. A quienes vosotros llamáis elfos.

Desde entonces, aprecio cómo esas
lupas y cartas llegan a gentes y nuevos
carteros, que como tú y como yo
también pintarán sus bicicletas de verde.
Además de pedalear con esperanza, sin
pereza y con firmeza, con el motor más
potente que existe . El del corazón.

Pues saben que solo observándonos atentos, y a quien enfrente tenemos, descubriremos los valiosos talentos que cada uno de nosotros poseemos.

Gracias,

Y para lo que necesites en el bosque siempre me podrás encontrar.

DUC

Y así fue cómo desde entonces seres fantásticos de la naturaleza abrieron las puertas del bosque para conocernos. Y compartir con nosotros sus asombrosos regalos tallados a mano, esos que nos hacían apreciar con detalle lo valioso que hay en nosotros y en los otros.

Por ello, no te sorprendas si algún día en tu camino te encuentras a algún cartero repleto de sobres en su bicicleta verde.

¿Qué has aprendido con este cuento?

Dibuja
tu propio elfo

Si lees este cuento y te animas a crear
tu propia historia, házmela llegar y nacerán
nuevos sueños que se harán realidad

amparotrujillom@gmail.com

libreyazul

En Libreyazul nos dedicamos a fomentar la creatividad, la imaginación y la expresión emocional a través de talleres literarios. Nuestro objetivo es promover el pensamiento mágico y el poder de la expresión mediante la poesía como medio terapéutico.

Nuestro proyecto está enfocado en el desarrollo intelectual, cognitivo y afectivo, y es personalizado en función de las necesidades de cada persona o grupo.

Con nuestros talleres literarios, creamos un sentido de unidad entre los participantes de distintos países, instituciones y centros educativos, transmitiendo valores para la comprensión, tolerancia y eliminación de barreras sociales. Esto nos permite construir puentes entre culturas y fomentar la hermandad entre jóvenes. A través de la narrativa, el cuento y la poesía, gracias a nuestros diversos talleres, buscamos desarrollar el crecimiento personal y la expresión creativa de nuestros participantes. Nos guían valores como la diversidad y la inclusión, los cuales son fundamentales para nosotros y forman parte de todo lo que hacemos.

En nuestra página web, libreyazul.com, encontrarás información sobre cada uno de los talleres, actividades y proyectos que ofrecemos, así como recursos para el desarrollo de la escritura y la creatividad. Os animamos a uniros a nosotros en esta aventura literaria, en la que juntos trabajaremos por promover un mundo más inclusivo y diverso.

Esta edición de *EL CARTERO DE LA BICICLETA VERDE*
de Amparo Trujillo Molina y David Marcos Guerrero
se terminó de editar en Madrid,
en el mes de marzo de 2025